BEI GRIN MACHT SICH IHR WISSEN BEZAHLT

- Wir veröffentlichen Ihre Hausarbeit,
  Bachelor- und Masterarbeit

- Ihr eigenes eBook und Buch -
  weltweit in allen wichtigen Shops

- Verdienen Sie an jedem Verkauf

Jetzt bei www.GRIN.com hochladen und kostenlos publizieren

Marian Heitger. Die Institution Schule zwischen Selbstbestimmung und Fremdbestimmung

Franziska Lax

Bibliografische Information der Deutschen Nationalbibliothek:

Die Deutsche Nationalbibliothek verzeichnet diese Publikation in der
Deutschen Nationalbibliografie; detaillierte bibliografische Daten sind
im Internet über http://dnb.d-nb.de abrufbar.

ISBN: 9783346463920
Dieses Buch ist auch als E-Book erhältlich.

© GRIN Publishing GmbH
Nymphenburger Straße 86
80636 München

Druck und Bindung: Books on Demand GmbH, Norderstedt Germany
Gedruckt auf säurefreiem Papier aus verantwortungsvollen Quellen

Das vorliegende Werk wurde sorgfältig erarbeitet. Dennoch
übernehmen Autoren und Verlag für die Richtigkeit von Angaben,
Hinweisen, Links und Ratschlägen sowie eventuelle Druckfehler keine
Haftung.

Das Buch bei GRIN: https://www.grin.com/document/1042582

Friedrich-Alexander-Universität Erlangen-Nürnberg

Hausarbeit in Allgemeiner Pädagogik II

im Wintersemester 2016/2017

zu dem Seminar: Vertiefung ausgewählter Schwerpunkte:
Bildungstheorien und der Vorlesung: Anthropologische und
gesellschaftliche Bedingungen von Erziehung und Bildung

**Thema: Institution Schule zwischen Selbstbestimmung und
Fremdbestimmung unter Aspekten Marian Heitgers**

Inhaltsverzeichnis

Einleitung

Denken Menschen an ihre Schulzeit zurück und wie sie in dieser Institution gelernt haben, so fällt den meisten Personen der Frontalunterricht ein, bei denen sie dem Lehrer zugehört und Anweisungen befolgt haben. Marian Heitger entwickelte einen anderen bildungstheoretischen Standpunkt zu der 'traditionell, klassischen' Umsetzung einer Lehr-Lernstätte, welchen ich nun im Folgenden in meiner Hausarbeit unter dem Thema „ Die Institution Schule und die Rolle des Lehrers zwischen Selbstbestimmung und Fremdbestimmung nach Marian Heitger" ausführen werde.

Im Laufe meiner Arbeit werde ich Bezug nehmen auf mehrere selbstbestimmende Aspekte Heitgers, welche als Hinführung zur Selbstbestimmtheit von Schülern und Schülerinnen führen soll. Dazu gehe ich auf folgende Punkte ein:

1. Begriffserklärung Schule
2. Heitgers Bildungsgedanken in Grundzügen
3. Einfluss des Lehrplans und die Unterscheidung in offiziellen und heimlichen Lehrplan unter den selbstbestimmenden Aspekt Heitgers
4. Lehrer und Lehrerin als Impulsgeber
5. Wirkung der interpersonalen und intrapersonalen Dialogform
6. Argumentationsvermögen als selbstbestimmenden Aspekt Heitgers
7. Integration vom selbstbestimmenden Aspekt Heitgers in die Institution Schule
8. Bewertung der Leistungs- und Zielorientiertheit unter den selbstbestimmenden Aspekt Heitgers
9. Auswirkung des Machtgefälles zwischen Lehrer und SchülerIn auf die Selbstbestimmtheit
10. Allgemeinbildung unter dem selbstbestimmenden Aspekt Heitgers
11. Ein Vorbild als Festigung von selbstbestimmten Entscheidungen

1. Begriffserklärung Schule

Zu Beginn werde ich den Begriff Schule nach meiner Vorstellung erklären.

Die Institution Schule bedeutet für mich vor allem Frontalunterricht, Strukturiertheit und ein Stück weit Gehorsamkeit, dabei dominiert der Lehrer den Unterricht, leitet und wählt eigenständig Themen zur Bearbeitung aus. Hierbei steht der Aspekt der Fremdbestimmung im Vordergrund, da die Schüler und Schülerinnen kaum mitbestimmen können, wie und was sie lernen müssen und da der Erwerb von Wissen und nicht die Selbstbestimmtheit der SchülerInnen primär im Fokus steht.

2. Heitgers Bildungsgedanken in Grundzügen

Im Folgenden werde ich kurz einen groben Überblick von Heitgers Verständnis von Selbstbestimmung geben, dazu führe ich ein eigenes Beispiel an, welches den Inhalt der Selbstbestimmung in Bezug auf die Schule verdeutlichen soll und das als Einstieg in meine Hausarbeit dienen soll, um den Grundgeanken Heitgers darzustellen.

Heitger stellt in seiner weiterentwickelten Bildungstheorie, im Gegensatz zu Institution Schule den Fokus auf Selbstbestimmung. Dies bedeutet, Schüler und Schülerinnen aus eigenen Interesse Themen und Problematiken erkennen und auswählen sollen, welche sie für ihren Wissenserwerb benötigen. Für 'ihren Wissenserwerb' soll bedeuten, dass nach Heitger jeder Schüler und Schülerin selbst bestimmen kann was er begreifen möchte und wofür er sich interessiert. Desweiteren ist bei Heitger das Ziel die Selbstbestimmung der SchülerInnen. Beispielsweise interessiert sich Schüler oder Schülerin A mehr für Mechanik und Autos, Schüler oder Schülerin B mehr für die Natur und die Flora und Fauna. Hierzu ein Beispiel für eine Sachunterrichtsstunde. Schüler oder Schülerin B steht draußen auf einer Frühlingswiese und bemerkt, dass die Blätter des Baumes langsam wieder anfangen grün zu werden. Dieser Schüler oder die Schülerin fragt sich nun wieso dies so ist und warum die Blätter des Baumes nicht einfach immer grün sind, sondern im Herbst anfangen abzufallen um dann wieder, ein paar Monate später, grün zu werden. Mit dieser Frage geht er zu der Lehrerin oder sonst einer Person, welche ihm weiterhelfen kann und bittet um Hilfe, um dieses Phänomen zu verstehen. Die Lehrerin fragt nun weiter nach, was er denn in der Zeit draußen beobachten kann. Der Schüler oder die Schülerin kommt auf die Antwort, das Licht, die Sonne und die Temperaturen eine Rolle spielen. Die Lehrerin erklärt darauf den Sachverhalt der Fotosynthese. An diesem Beispiel ist erkennbar, dass die Frage des Schülers aus ihn selbst heraus entsteht und der Lehrer nur als Hilfesteller beziehungsweise Begleiter des Lernens für den Schüler fungiert. Hier steht dann der Aspekt der Selbstbestimmung im Vordergrund, da der Schüler oder die Schülerin zu einer Problematik mehr erfahren möchte und sich damit an den Lehrer wendet. Das Beispiel soll auf zeigen, dass nach Heitger der Wille nach Wissen aus einem Schüler und einer Schülerin selbst heraus enstehen soll und dieser nicht durch ein Lehrer fremdbestimmt wird, in dem die LehrerIn Sachverhalte nur vorgibt.

Anschließend an das Beispiel werde ich nun meine Position zu dem Überbegriff Selbstbestimmung in Verbindung mit der Institution Schule offen legen.

Diese Überlegung von Heitger finde ich sehr gut, da die Schüler und Schülerinnen durch Selbstbestimmung einen weiteren Blick für Sachverhalte und Phänomene bekommen. Dagegen wird in einer 'klassischen' Unterrichtsstunde Fotosynthese einfach von der

Lehrkraft vorgegeben und behandelt, ohne groß auf die Relevanz für die Schüler und Schülerinnen einzugehen, sowie selbst Verantwortung für das zu Lernenden und ihr Wissen zu übernehmen. Jedoch finde ich es nicht gut, wenn SchülerInnen diese Freiheit zur Selbstbestimmung ausnutzen, damit sie nichts lernen und/oder wissen müssen.

3. Einfluss des Lehrplans und die Unterscheidung in offiziellen und heimlichen Lehrplan unter den selbstbestimmenden Aspekt Heitgers

Im Anschluss an dem Überblick über Heitgers Bildungstheorie, welche Selbstbestimmung als Ziel des Unterrichtens sieht, werde ich den Einfluss des Lehrplans anfügen. Zunächst stelle ich allgemein meine Vorstellung zu einem Lehrplan vor. Anschließend werde ich zwischen offiziellen und heimlichen Lehrplan unterscheiden, dies soll aufzeigen, inwiefern Selbstbestimmung und Fremdbestimmung durch einen Lehrplan herbeigeführt werden kann. Da der Lehrplan den Lehrern und somit auch den Schülern und den Schülerinnen vorgibt was sie Lernen sollen, dies jedoch nicht zu den Vorstellungen Heitgers in Bezug auf die Selbstbestimmung passt, erachte ich diesen Aspekt als wichtig.

Nach Heitger sollten dann die SchülerInnen nicht in einen anderen Bereich des Wissens gezwungen werden, zum Beispiel nur weil es im Lehrplan steht. In meinem Verständnis ist die curriculare Vorgabe des jeweiligen Kultusministeriums der Länder für das Planen und die Gestaltung einer Lehr - Lernsequenz nur dann sinnvoll, wenn es auch auf die Interessen und Spezifika der einzelnen SchülerInnen zugeschnitten ist. Derzeit werden Lehrpläne jedoch für die Allgemeinheit der SchülerInnen entworfen. Ws gibt wenig Platz für Anregungen und Ideen von seiten der SchülerInnen oder LehrerInnen, da jeder Lehrpunkt in einem bestimmten Zeitfenster abzuarbeiten ist. Aus diesem Grund bleibt meist die Chance von Selbstbestimmtheit für die SchülerInnen verwehrt. Die Schule bietet den SchülerInnen somit keinen Raum Erfahrungen mit selbstbestimmten Entscheidungen und Neigungen zu machen.

Nun folgt der heimliche und offizielle Lehrplan:

Ein offizieller Lehrplan ist dieser, welcher vorgegeben und vorhanden ist, sich auf Lehr- und Lernprozesse beschränkt, für jeden Lehrer zugänglich ist und von diesem auch umzusetzen gilt. Dieser Lehrplan enthält Aufgaben und Anweisungen für den Lehrer, wie er seinen Unterricht gestalten soll und welche Themen behandelt werden sollen. Dies zeigt den Aspekt der Fremdbestimmung, da der offizielle Lehrplan Themen vorgibt und es somit keine Entscheidungsfreiheit von Seiten der Lehrer und SchülerInnen für die Auswahl von Inhalten gibt.

Dagegen ist ein heimlicher Lehrplan dieser, welcher nicht für jeden Lehrer gleich ist, da er nicht fest geschrieben ist und von jedem Lehrer unbewusst oder auch bewusst entworfen wird. Dieser Lehrplan enthält dann die subjektiven Vorstellungen eines Lehrers, in wie weit er die SchülerInnen begleiten möchte, fördern oder helfen möchte und in welcher Art und Weise gelehrt wird, im Allgemeinen was dieser unter seinen Lehrauftrag versteht. Der Lehrer verfolgt mit seinen 'heimlichen' Lehrplan Ziele, welche er selbst als wichtig für einen Schüler oder Schülerin erachtet. Dabei besteht keine Eingrenzung oder Beschränkung, welche Ziele verfolgt werden. Der heimliche Lehrplan verfolgt durch die gegebene Entscheidungsfreiheit einen Grad an Selbstbestimmung für die Schüler, da der Lehrer nicht gezwungen ist den SchülerInnen als vorgeben zu müssen.

Schülerinnen und Schüler profetieren von dem heimlichen Lehrplan, da der Lehrer oder die Lehrerin einen Spielraum haben, in welcher Art und Weise sie unterrichten. Somit haben die SchülerInnen die Chance miteinscheiden zu können welche Bereiche und Themen sie erlernen möchten. Sie können durch diese Möglichkeit selbstbestimmt Entscheidungen treffen.

Bei einem offizellen Lehrplan hat der Lehrer oder die Lehrerin keinen Spielraum, welche Themen im Unterricht behandelt werden und aus diesem Grund haben auch die SchülerInnen nicht die Chance die Auswahl von Themen selbst bestimmen zu können. Hier wird ein Zusammenhang zwischen Lehrer und SchülerInnen deutlich, denn besteht die Möglichkeit bei den Lehrern selbstbestimmen zu können und den Unterricht selbst gestalten zu können, so wird es den Schülern auch einfacherer bei dem Unterricht mit wirken zu können um somit das Treffen von selbstbestimmten Entscheidungen im Unterricht zu erlernen und damit Erfahrungen zu machen. Der offizielle Lehrplan unterstreicht die Fremdbestimmung, da der Lernstoff für die Kinder vorgegeben ist und das Ziel der Selbstbestimmung nicht im Vordergrund steht, sondern das Erlernen von vorgegebenen Sachverhalten.

Der heimliche Lehrplan unterstreicht dagegen die Selbstbestimmung, da die Lehrkraft einen Spielraum hat die Kinder entscheiden zu lassen über Themen, in welchen sie Wissen erlangen möchten und die Lehrkraft Zeit hat Neugier und Wissenslust entwickeln und selbst von den SchülerInnen konstruieren zu lassen.

Somit unterstützt der offizielle Lehrplan die Fremdbestimmung und der heimliche Lehrplan die Selbstbestimmung in einer Schule.

4. LehrerIn als Impulsgeber

Meiner Meinung nach ist auf jeden Fall ein Impulsgeber notwendig, der auf bestimmte Sachverhalte hinweist, welche die Schüler nicht sehen oder noch nicht kennen, jedoch ohne alles dabei vorgeben zu müssen. Dazu äußert sich Heitger wie folgt: „ Lehren ist Appell an die Vernunft, verbunden mit dem Angebot, bei Schwierigkeiten zu helfen, Scheinargumente zu entlarven, Fehlurteile zu vermeiden. Das Lehren ist grundsätzlich verpflichtet, sich an die zu entfaltende Vernunft des Lernenden zu wenden. Diese Form der Interaktion steht unter dem Prinzip des Dialogischen." (Böhm/ Ladenthin 2004, S. 25).

Im Folgenden werde ich Heitgers Position interpretieren.

Heitger drückt dabei aus, dass auch dem LehrerInnen Eingriffe vorbehalten sind, falls ein Schüler oder eine Schülerin selbst keine Neugier oder keine Neigung gegenüber einem Gebiet entwickeln konnte und deshalb sich aufgrund der vorherrschenden Freiheit, dank der selbst bestimmenden Aspekte, sich jeglicher Wissensaufnahme und Bildung entziehen kann. Die Lehrperson stellt dann den Impulsgeber dar. Dieser versucht den Zögling für ein Thema zu begeistern, in dem er Anregungen in Form von Fragen, Deutungen oder dem Aufzeigen von Phänomenen gibt. Der Lehrer oder die Lehrerin besitzt einen vorausschauenden Blick, da er die Notwendigkeit des Wissens begriffen hat und weiß, dass man für das Leben Kenntnisse braucht. Aus diesem Grund ist meiner Meinung nach der Lehrer in der Lage den Impulsgeber für den Schüler oder die Schülerin darzustellen. Allerdings in was und wie präzise dieses Wissen ist, kann und sollte ein Mensch selbstständig entscheiden können. Zusammenfassend für diesen Absatz lässt sich sagen, dass auch nach Heitger die Lehrperson für ein richtungsweisendes Denken bei dem Schüler oder der Schülerin sorgt. Hierbei wird ersichtlich, dass sich Selbstbestimmung und Fremdbestimmung gut ergänzen können und beide Aspekte auch in der Schule sinnvoll zu einander passen. Bei diesen Absatz sollte gezeigt werden, dass Selbstbestimmung zwar bedeutet das der Schüler oder die Schülerin selbst entscheiden kann was und wie er lernen möchte, jedoch auch ein gewisser Grad von Fremdbestimmung, wie hier den Lehrer oder die Lehrerin als Impusgeber wahrzunehmen, auf die Selbstbestimmung positiv einwirken kann, in dem er den Schüler oder der Schülerin einen neuen Blickwinkel auf Sachverhalte aufzeigt.

5. Wirkung der interpersonalen und intrapersonalen Dialogform

Der nächste Abschnitt befasst sich mit den unterschiedlichen Dialogformen zwischen SchülerInnen und LehrerInnen. Dabei wird auf die interpersonale und intrapersonale Dialogform eingegangen. Diese verschiedenen Dialogformen zeigen eine Gegensätzlichkeit zwischen der Schule und der Position Heitgers. Diese Begrifflichkeiten und die erwähnte Gegensätzlichkeit werde ich nun im Folgenden herausarbeiten.

In der 'klassischen' Institution herrscht vor allem die interpersonale Dialogform, dies bedeutet, dass der Dialog vom Lehrer oder der Lehrerin ausgeht und von den Schülern aufgefangen wird, um darauf zu reagieren. Heitger bezieht Position, wie folgt zu diesem Aspekt: „Dialogische Führung hat sich in ihrer Pädagogizität als interpersonaler Aktvollzug immer an den intrapersonalen Dialog zu richten, sie hat ihn anzuregen, vor Verfestigungen zu warnen, sie hat ihn zu ermutigen, wenn Zweifel und Resignation sich einstellen und der intrapersonale Dialog zu verstummen droht, sie hat zur Korrektur aufzurufen, wenn der intrapersonale Dialog sich mit Vorurteilen zufriedenzugeben droht, sie hat zur Richtungsänderung aufzurufen, wenn der intrapersonale Dialog in eine Sackgasse zu geraten droht. [...] Pädagogik hat in der Freiheit des intrapersonalen Dialogs eine unüberschreitbare Schranke." (Böhm/ Ladenthin 2004, S. 31). Der intrapersonelle Dialog stellt dabei einen selbstbestimmenden Faktor dar, da die Person eigene Ideen und Gedanken benutzt und diese versucht eigenständig abzuwägen, sowie einzuschätzen. Der interpersonale Dialog hingegen besitzt einen fremdbestimmenden Faktor da Vorstellungen und Ideen des Dialogpartners von dem anderen gelenkt und beeinflusst werden.

Im Folgenden werde ich die Position Heitgers interpretieren.

Meiner Meinung nach haben die Gedanken eines Menschen selbst mit der eigenen Person eine sehr große Wichtung für Marian Heitger, diese eigenen Gedanken müssen immer an erster Stelle kommen, bevor ein anderer Mensch mit seinen Gedanken und Verständnis einer Sache in die des anderen eingreift. Ein Schüler oder eine Schülerin sollte somit erst selbst nachdenken und mit sich selbst Lösungswege ausmachen und suchen, bevor ein Lehrer oder eine Lehrerin darin eingreift, denn auch ein Lehrer oder eine Lehrerin kann sich nie sicher sein, ob nicht die Gedanken des Schülers oder der Schülerin doch auf seine Art und Weise richtig sind. Die Beurteilung in 'richtig' oder 'falsch' kann erst nach Ausführen einer Sache gefällt werden und im Dialog versucht werden zu erörtern. Ist der Schüler oder die Schülerin auf einen komplett falschen Lösungsweg, was der Lehrer oder die Lehrerin aufgrund seiner Erfahrung weiß, oder er gibt auf eine Lösung für eine Problematik zu finden, dann hat der Lehrer oder die Lehrerin das Recht Tipps und Anregungen zu geben, um den intrapersonalen Dialog wieder in Gang zu setzten.

Zusammenfassend werde ich die zwei verschiedenen Dialogformen hinsichtlich des Blickes auf den Unterricht ausführen.

Handlungsweisen, welche zur Selbstbestimmung führen können, findet man zum Teil auch im klassischen Unterricht, in dem Rückfragen gegeben, Experimente durchgeführt oder bestimmte unbekannte Arbeitsaufträge verteilt werden, sowie die Haltung eines offenen Unterrichts. Auch diese Methoden haben das Potential den intrapersonalen Dialog anzustoßen, wenn der Fokus bei der Ausführung darauf liegt, das die SchülerInnen im Fokus stehen und nicht daer Lernstoff an sich. Dabei ist nun der intrapersonale Dialog des Schülers oder der Schülerin die Grundlage für das Lehren und Lernen, denn dadurch kann ein Schüler oder eine Schülerin die Relevanz verschiedener Sachverhalte verstehen und kennen lernen. Der interpersonale Dialog stellt dabei lediglich eine Fortführung und Hilfestellung für die SchülerInnen im Unterricht und im Leben dar oder gibt den Anstoß für einen weiteren intrapersonalen Dialog. Dieser hilft ihm dabei Gegebenheiten genauer begreifen zu können und deren bewusst zu werden, aufgrund der gemachten Erfahrungen der Lehrperson beziehungsweise des Unterstützers. Abschließend noch ein Gedanke Heitgers: „Pädagogische Führung soll Einfluß auf das Handeln, auf Haltung und Gesinnung nehmen, ohne die Selbstbestimmung aufzuheben, sondern im Gegenteil, sie zu aktivieren." (Böhm/ Ladenthin 2004, S. 28). Der Interpersonale Dialog, welcher alleinstehend fremdbestimmend ist, soll demnach den intrapersonalen (selbstbestimmenden) Dialog der SchülerInnen aktivieren.

6. Argumentationsvermögen als selbstbestimmenden Aspekt Heitgers

Im anschließenden Absatz werde ich mich mit der Notwendigkeit des Aspektes Argumentation befassen, welchen einen bedeutenden Beitrag zur Selbstbestimmung eines Schülers und einer Schülerin liefert.

Damit ein Schüler oder eine Schülerin Interesse entwickeln und Entscheidungen treffen kann, ist es wichtig, Argumentieren zu können, um eigene Lösungen oder Antworten zu revidieren oder zu bestätigen. Es benötigt jedoch jemanden oder etwas was lehrt und mit dem Schüler oder der Schülerin das Argumentieren üben kann. Heitger äußert sich dazu, wie folgt: „Lehren und Unterrichten [...] [muss] in gegenseitiger Argumentation als Hilfe zur je eigenen Überzeugung verstanden werden." (Dikow, 1985, S. 25). In diesem Zitat wird noch einmal deutlich, das Lernen nicht bedeutet, dass LehrerInnen den SchülerInnen etwas beibringt, sondern dass es zwei Seiten gibt und auch der Lehrer oder die Lehrerin vom Schüler oder der Schülerin profitieren kann. Dabei ist die Argumentation wichtig, um die Relevanz einer Sache, der eigenen Bedeutsamkeit, dem eigenen Standpunkt und der eigenen Auffassung ausdrücken zu können. LehrerIn zu sein bedeutet nicht allein ein HilfestellerIn für den Erwerb von Wissen zu sein, sondern er stellt auch einen Erzieher dar, welcher ebenfalls als Argumentationspartner dient. Ein Argumentationspartner ist dieser, mit dem der Schüler das Argumentieren üben und ausführen kann. „Der Erzieher tritt nicht an die Stelle des Gewissens, er hilft vielmehr dem jungen Menschen, auf sein Gewissen zu hören, dem vernommenen Anspruch zu folgen. Erziehung muß helfen, sensibel zu werden für den Gewissensanspruch, muß ermutigen, sich dem Anspruch zu stellen." (Böhm/ Ladenthin 2004, S. 29). LehrerInnen sollen Denkanstöße geben, um auch hier zum intrapersonalen Dialog anzuregen und um sich selbst mit einer Sache auseinander zusetzten. Dabei sollen die SchülerInnen zum Zweifeln angeregt werden und das Wichtigste dabei ist, die Skepsis bei den Schülern und Schülerinnen aufrecht zu erhalten und weiterhin zu motivieren, Fragen nach zugehen. Dies soll dazu führen, dass SchülerInnen in der Lage dazu sind eigene Argumentation ausbauen zu können, um selbstbestimmt getroffene Entscheidungen begründen zu können.

7. Integration vom selbstbestimmenden Aspekt Heitgers in die Institution Schule

Im folgenden Absatz werde ich eine Idee vorstellen, wie es möglich wäre die bisher genannten selbstbestimmenden Aspekte Heitgers in eine klassische Institution Schule zu integrieren.

Bei dem klassischen Unterrichten in einer Schule wird wenig auf die individuellen Stärken und Schwächen der SchülerInnen eingegangen, da bis zu 15 verschiedene Fächer unterrichtet werden, dies reicht von Sport über Deutsch bis hin zu Wirtschaft, Chemie und der Erwerb von Fremdsprachen. Zwar ist die Idee der Institution Schule dahingehend gut, dass SchülerInnen verschiedene Einblicke in Bereiche bekommen, welche es im Alltag und in unserer Welt gibt. Dieses weitgefächerte Angobot von Unterrichtsfächern erfüllt auch den Zweck über ein breites Spektrum etwas zu wissen, leider bleibt es nach meiner Erfahrung auch dabei das man überall, wenn überhaupt, ein bisschen weiß. Die Schule verlangt, dass die SchülerInnen sich außerhalb des Unterrichts über Themen informiert, in welchen er oder sie sich interessiert, die Schule sieht es nicht als ihre Aufgabe die Interessen der SchülerInnen zu vertreten, sondern diese für weitere Bildungswege zu qualifizieren und ihnen ein allgemeines Wissen mit zugeben. Es wird hierbei vernachlässigt, dass manche Personen nie das detailliert vermittelte Wissen von der Schule, beispielsweise in Chemie für ihr weiteres Leben gebrauchen können. Somit wäre sinnvoller nach Heitgers selbstbestimmenden Aspekten in einem begrenzenden Zeitraum einen Überblick über

Inhalte zu vermitteln und dann die meiste Schulzeit darauf auszurichten Themenblöcke zu erstellen, welche das von dem Schüler und Schülerin selbst entwickelte Interesse fördert, damit die Selbstbestimmtheit weiter als Ziel erhalten bleibt und nicht begraben wird unter der Fülle von abzuarbeitenden Themen und Inhalten. Somit hätten die SchülerInnen die Möglichkeit Themen- und Lerninhalte selbst auszuwählen. Damit würden dann die Stärken der einzelnen SchülerInnen unterstützt und weiterentwickelt werden, als Antrieb dafür würden die eigene Motivation und das selbstentwickelte Interesse dienen. Anstatt die Schwächen in bestimmten Fächern von Schuljahr zu Schuljahr immer weiter mitzunehmen und die SchülerInnen weiter frustrieren zu lassen. In Heitgers Bildungstheorie sehe ich dabei eine durchaus größere Chance SchülerInnen für Lerninhalte zu motivieren, sich zu interessieren um Wissen zu erlangen, egal in welche Richtung. Denn dabei ist es von Bedeutung auch die Umstände zu betrachten, weshalb ein Schüler oder eine Schülerin das eine, aber nicht das andere Themengebiet erlernen möchte. Man kann einen Schüler oder eine Schülerin somit nicht als Ganzes sehen, wenn man als LehrerIn doch nur den Ausschnitt eines Schülers oder einer Schülerin kennt, den Teil seines Selbst, welches er in der Schule zeigt. Somit kann der Lehrer oder die Lehrerin auch nicht wissen, was der Schüler oder die Schülerin für sich als relevant erachtet. Dies wäre jedoch wichtig, damit der Schüler oder die Schülerin selbstbestimmt Lerninhalte wählen und Entscheidungen treffen kann. Kennt ein Lehrer oder eine Lehrerin Hintergründe und das Umfeld des Schülers oder der Schülerin, erst dann könnte er seine Denk- und Handlungsweisen begreifen, sowie nachvollziehen und ihn adäquat bei seinen Stärken und Schwächen, sowie bei dem Treffen von selbstbestimmten Entscheidungen unterstützen. Abschließend für diesen Ansatz soll das folgende Zitat noch einmal die Verantwortung des Lehrers gegenüber dem Schüler zeigen, damit der Grundstein für das Vertrauen in selbstbestimmte Entscheidungen seitens der SchülerInnen gelegt werden. „Pädagogisches Handeln muß den Menschen in seiner konkreten Situation, in seiner Individuallage ernst nehmen." (Dikow, 1985 , S. 25).

8. Bewertung der Leistungs- und Zielorientiertheit unter den selbstbestimmenden Aspekt Heitgers

Im anschließenden Absatz werde ich die vorherrschende Leistungs- und Zielorientiertheit in der Schule erwähnen, welche Einfluss auf die Selbstbestimmung der SchülerInnen hat. Die Leistungs- und Zielorientiertheit fällt nicht mit unter den selbstbestimmenden Aspekten Heitgers, da die SchülerInnen unter Leistungsdruck gesetzt werden und ihnen dabei vorgegeben ist was sie lernen müssen. Dabei sollen sie Wissen reproduzieren, welches sie als Thema eventuell nicht interessiert oder was sie selbst als Lerninhalt nicht gewählt hätten.

Weiter ergeben sich deshalb für den Schüler oder die Schülerin negative Konsequenzen. Diese werde ich im Folgenden aufzeigen.

Es wird in der Schule großes Augenmerk auf die Leistungs- und Zielorientiertheit gelegt, auch wenn die LehrerInnen diese nicht als Ziel ihres Unterrichts verfolgen. Jedoch entsteht diese Leistungs- und Zielorientiertheit, durch das Schreiben von Tests, Klassenarbeit oder sonstigen bewertenden Vergleichsinstrumenten, um den Leistungsstand von Schülern und Schülerinnen feststellen zu können, welche dann dazu beitragen die SchülerInnen für eine bestimmte Laufbahn zu qualifizieren. Somit bekommen manchen SchülerInnen dann keine Chance sich in ihrem Interesse, im Form eines Berufes zu qualifizieren, da die Noten in einem Bereich, welcher mit dem selbst ausgewählten Gebiet, in denen sie ein reges Interesse zeigen, nichts zu tun haben. Somit wird ihnen die Chance verwehrt ihr Können in ihrem weiteren Leben zu zeigen, nur dadurch, da sie in einem völlig anderen Bereich, in dem kein Interesse und Motivation zum Lernen bestand, schlechte Noten bekamen. Aus diesem Grund wird die Selbstbestimmtheit der SchülerInnen verhindert, da die Möglichkeit des Ausübens von den selbstbestimmt getroffenen Entscheidungen durch schlechte oder unpassende Qualifikationen verhindert wirtd. Dabei werden die SchülerInnen gezwungen ihre Zeit nicht dafür zu verwenden, für was sie sich begeistern, sondern sie müssen etwas erlernen, nur weil dies im Lehrplan steht und weil andere Personen, die den Schüler oder die Schülerin gar nicht kannten so entschieden haben. Nach Heitger und den damit verbundenen selbstbestimmenden Aspekten wäre dies nicht der Fall, da dabei ein Schüler oder eine Schülerin nur dann etwas lernen muss, wenn er Themen und Inhalte für sich selbst als Wichtig erachtet und er der Meinung ist, dass er ein bestimmtes Wissen in diesem ausgewählten Bereich erlangen muss. Hierbei wird noch einmal der Aspekt der Fremdbestimmung versus des Aspektes der Selbstbestimmung deutlich. Lernen sollte nach Heitger ein Prozess der Selbstbestimmung darstellen, damit Wissen auch verstanden und angewendet werden kann. Die meisten LehrerInnen nehmen als Begründung auf die Frage, weshalb sie diese bestimmte Thematik im Unterricht behandeln, den Lehrplan. Der Lehrplan stellt jedoch die Fremdbestimmung dar, welche Heitger weitgehend ablehnt. Es wäre dann zulässig, wenn der Lehrplan nur als Impulsgeber oder Anregung dienen würde. Demnach sollte die Notwendigkeit des Gelernten im Fokus stehen und den Lernenden deutlich gemacht werden.

9. Auswirkung des Machtgefälles zwischen LehrerIn und SchülerIn auf die Selbstbestimmtheit

Als nächsten Aspekt der Selbstbestimmung werde ich das Machtgefälle zwischen LehrerIn und SchülerIn betrachten, da dieses die Selbstbestimmtheit des Schülers und der Schülerin beeinflussen kann.

Dieses Machtgefälle zwischen LehrerIn und SchülerIn herrscht meist schon seit Geburt an, hier besteht das Machtverhältnis zwischen Eltern und Kind, da das Überleben des Kindes von seinen Eltern abhängt und es somit auf die Erfahrungen der Eltern vertrauen muss. Ältere Personen werden nun, in den meisten Fällen, als Personen wahrgenommen, welchen man unterlegen ist. Dies könnte verschiedene Ursachen haben, zum einen beispielsweise der schon höhere Erfahrungsschatz. In der Schule sind meistens die SchülerInnen jünger als die LehrerInnen, weswegen diese auch anders wahrgenommen werden, als zum Beispiel Freunde, welche meist im ungefähr gleichen Alter sind. Lehrer selbst wissen meist, welche Wirkung sie auf SchülerInnen haben, weswegen es auch dazu kommt, das manche LehrerInnen diese Rolle sehr ausspielen, indem sie dauerhaft Sanktionen und Bestrafungen androhen und ausführen, um Ehrfurcht und Respekt bei den Schülern zu erwirken, wenn diese nicht nach der Vorstellung des Lehrers handeln. Das Ausführen von Sanktionen und Bestrafungen folgt dann wenn das Verhalten eines Schülers von den erwarteten Verhalten des Lehrers abweicht, dadurch wird im gewissen Maße die von dem Schüler getroffenen selbstbestimmten Entscheidungen bestraft.

Nun werde ich meine Interpretation der dargestellten Lage anbringen.

Dies kann meiner Meinung nach dazu führen, dass dieser Schüler oder die Schülerin fremdbestimmt, statt selbstbestimmt nach Lösungen sucht, da er nach selbstbestimmten Entscheidungen erwartet 'Ärger' zu bekommen. Dieses Machtgefälle wird bei Heitgers Bildungstheorie weitgehend abgelehnt, denn hier fungiert der Lehrer oder die Lehrerin als Hilfesteller und nicht als RichterIn über gut und schlecht. Des Weiteren ist die Lehrkraft hier auch eine Person, die etwas vom Zögling lernen kann. Somit stehen SchülerInnen und LehrerInnen gewisser Maßen auf einer Stufe. Diesen Punkt vergessen leider viele LehrerInnen, da sie meiner Meinung nach der Auffassung sind, dass SchülerInnen nur das wissen, was sie ihnen beigebracht haben. Doch das Schüler und Schülerinnen durch andere Sichtweisen auch auf andere gute und neue Ideen kommen, begreifen die meisten Lehrpersonen meiner Meinung nach leider nicht. Die Vorstellung, das man als LehrerIn oder ErzieheInr auch etwas von seinen Zögling lernen kann, könnte ausgebaut werden, in dem der Lehrer oder die Lehrerin sich selbst und auch von den Schülern so wahrgenommen wird, dass er eine Beratungskraft ist und somit auch kein Machtgefälle bestehen sollte. Die

Lehrkraft hat allerdings ein größeres Wissen, aufgrund seines oder ihrem Alters und seiner oder ihrer Lebenserfahrung, er oder sie hatte somit in seinem Leben schon mehr Zeit Fragen zu stellen und Entscheidungen zu treffen um damit sein Wissensrepertoire zu füllen. Stellt ein Schüler oder eine Schülerin Fragen zu einen Sachverhalt und wendet sich damit an die Lehrperson, so tut er dies weil der Schüler oder die Schülerin selbst der Meinung ist, dass diese Person es wissen könnte und nicht weil der Lehrer oder die Lehrerin ein Bild von sich selbst abgibt alles zu wissen.

Abschließend für diesen Absatz lässt sich sagen, dass der Lehrer oder die Lehrerin sich in der Schule als BeraterIn und ImpulsgeberIn, statt als RichterIn wahrnehmen sollte, um den Schüler in seinen eigenen Ideen zu bestärken. Dieses positive Gefühl des Schülers oder der Schülerin, bei der Äußerung seiner oder ihrer Antwort sollte durch ein spürbares Machtgefälle nach meiner Ansicht nicht zerstört werden.

Als kurze Randnotiz würde ich gern noch anmerken, das ein Lehrer oder eine Lehrerin keine festgesetzte Rolle oder ein Beruf ist, sondern nach Heitger sollte ein LehrerIn alles sein können, beispielsweise ein Buch, das Internet, weitere Personen, somit kann jeder zum Lehrer oder zur Lehrerin werden. Diesen Gedanke finde ich gut und interessant, zwar verbinden die meisten Menschen, mit den Begriff LehrerIn die Institution Schule, aber wenn man sich dieses Wort genauer anschaut kommt der Begriff abgeleitet von den Wort Lehren, was so viel bedeutet wie „Kenntnisse vermitteln" oder „(jemanden) etwas beibringen" (Duden). Dies kann somit tatsächlich alles das sein, was eine Person dazu hilft Wissen aufzubauen. Die Schule stellt dieses Medium in Form einer Lehrkraft, sowie von Fachbüchern bereit. Beispielsweise, wenn man nicht weiß wie ein Wort richtig geschrieben wird, so schaut man im Duden nach, der Duden übernimmt hier die Rolle eines Lehrers. Somit kann der Schüler oder die Schülerin selbst bestimmen, wer ihn oder ihr bei der Problemlösung helfen soll. Der Unterrichtsgegenstand sollte sich in der Schule danach richten, welche Fragen die SchülerInnen stellen und wie sie sich verhalten, damit eine Frage nach der Antwort oder eines Problems auftritt.

10. Allgemeinbildung unter den selbstbestimmenden Aspekt Heitgers

Im folgenden Absatz beziehe ich mich auf die Entstehung von Allgemeinbildung. Dazu anschließend den Punkt, dass SchülerInnen selbst bestimmt entscheiden können, was er oder sie lernt und wie er oder sie trotzdem oder genau deshalb ein gebildeter Mensch ist.

Das Schema hinter dem Lernen sollte darin bestehen, das Zweifel geweckt werden und dann die Motivation entsteht etwas Lernen zu wollen. Konkret wird dies dann, wenn Probleme entstehen. Fragen müssen von selbst auftauchen und sich entwickeln, dabei sollten die Inhalte egal sein und nicht nach bildenden oder weniger bildenden Inhalten unterschieden werden.

Ein allgemein gebildeter Mensch sollte somit nicht der sein, der am meisten in einem weitgefächerten Spektrum weiß, sondern der, der im Leben fortlaufend interessiert ist und selbstbestimmt immer eigenen Fragen nachgeht. Heitger äußert sich dazu, wie folgt: „Im Lernen des einzelnen dient der Unterricht dem Allgemeinen der Selbstbestimmung und dadurch dem Allgemeinen der Bildung." (Böhm/ Ladenthin 2004, S. 27). Denn alles das, was man selbstbestimmt entscheidet, was man wissen möchte trägt zu der persönlichen Allgemeinbildung hinzu. Dabei ist es nicht von Bedeutung von der Schule, fremdbestimmt, vorgegeben zu haben und in 15 verschiedene Fächer Kenntnisse zu haben. Wichtig ist es interessiert im und am Leben zu bleiben, um eine persönliche Allgemeinbildung aufbauen zu können. Denn die Welt und Lebensweisen verändern sich immer weiter und somit gibt es auch immer wieder neue Dinge zu erfahren. Wird das Gelernte dann verknüpft, erworbenes Wissen unbewusst aufeinander bezogen und fächerübergreifend angewandt, so bildet dies die eigene Persönlichkeit und die fortlaufende Selbstbestimmtheit. Die Weiterentwicklung und Bildung von Persönlichkeit sollte somit auch in einer Schule an erster Stelle stehen. Es sollte nicht darum gehen, wer die besten Noten, den besten Abschluss hat oder das Meiste weiß, sondern es sollte um das Individuum gehen. Ein Schüler oder eine Schülerin sollte somit Fragen im Leben beantworten können, zum Beispiel: „ Wie gehe ich mit bestimmten Situationen um?" oder „Was passiert mit mir in einer bestimmten Situation?". Dies trägt eine viel höhere Wichtung für das Wissen für den Menschen, als das rein theoretische Wissen über Sachverhalte und Algorithmen. Wenn eine Persönlichkeit gebildet ist,verbunden mit enem guten Argumentationsvermögen, wird das Treffen von selbstbestimmten Entscheidungen für den SchülerIn leichter sein.

11.Vorbild als Festigung von selbstbestimmten Entscheidungen

Abschließend ist zu erwähnen, dass ein Vorbild auch dazu dienen dann selbstbestimmte Entscheidungen zu festigen. Ich füge hier den Aspekt des Vorbildes ein, da es nach meiner Ansicht wichtig ist zu erwähnen, da sowohl LehrerInnen, als auch ein ErzieherInnen oder sonst eine Lehrperson ein Vorbild abgibt. Im folgenden Absatz werde ich erklären, was ein Vorbild ist und wie dieses Vorbild Einfluss auf Entscheidungen von SchülerInnen nehmen kann.

Ein Vorbild zu sein sollte bedeuten, als Person sinnvoll zu sein und jemanden darzustellen von dem eine andere Person profitieren kann. Dieses Vorbild ist dafür da, damit SchülerInnen Lösungsversuche oder eventuelle Entscheidungen später reflektieren können. Weiter ist anzufügen, dass sich nicht nur aus guten Vorbildern lernen lässt, sondern auch aus schlechten Vorbildern, denn so könnte man sehen wie man bestimmte Dinge nicht machen kann beziehungsweise sollte. Anschließend lässt sich sagen, dass sich Entscheidungen erst dann bewerten lassen, wenn man sie schon ausgeführt hat, so kann man feststellen ob sie gut oder schlecht oder vernünftig waren. Vernünftig zu sein bedeutet in dem Fall, dass SchülerInnen abwägen, was sie für gut oder schlecht empfindet, sowie versuchen sie Folgen vorausschauend zu betrachten um damit zu ihrer eigenen Entscheidung zu gelangen.

Im Folgenden werde ich meine Ansicht offen legen.

Im vornherein sollte ein Lehrer oder eine Lehrerin dementsprechend nicht versuchen die selbstbestimmt getroffene Entscheidung des Zöglings zu revidieren oder auszureden. Es ist nichts im Leben genau vorhersehbar, sowie ist es aus meiner Sicht das Recht eines Menschen eigene Entscheidungen selbstbestimmt treffen zu können. Erziehung und Unterricht lebt dementsprechend vom Zweifel und den Mut etwas auszuprobieren von dem man selbst überzeugt ist und begründen kann, aus welchen Grund man so handelt und nicht anders. Jedoch sollten LehrerInnen versuchen Ratschläge oder Tipps zu geben, damit das Handeln nach einer, von den SchülerInnen selbst getroffener Entscheidung möglichst gut verläuft. Sie fungieren dabei als schon erwähnten Impulsgeber. Dies passt mit der traditionellen Lehrerrolle zusammen, denn auch hier bemühen sich die meisten LehrerInnen ein gutes Vorbild für die SchülerInnen abzugeben. LehrerInnen versuchen alle Kinder gleich zu behandeln, fair zu sein, zu zeigen wie man zum Beispiel einen Streit schlichtet, tröstet oder für Jemanden da ist. Dabei lässt sich erkennen, dass eine heutige traditionelle Schule doch nicht nur dafür da ist Wissen den Schülern aufzudrängen und Noten zur Qualifikation zu verteilen. Diese kleinen erlebten Gesten auch in der Schule lassen die SchülerInnen auch hier etwas für ihre Persönlichkeit und ihr weiteres Leben lernen.

Dies stimmt auch mit Heitgers Auffassung von Selbstbestimmung überein, wie das folgende Zitat in Bezug auf die pädagogische Liebe zeigen soll: „Diese Liebe bleibt Forderung auch gegenüber dem Aggressiven und Aufmüpfigen, gegenüber dem Arroganten und Verkrampften, dem Starken und dem Schwachen; gegenüber dem Versager; sie bleibt Forderung auch angesichts der scheinbaren Erfolgslosigkeit, sie bleibt Forderung wenn der junge Mensch sich von Eltern, Erziehern und Lehrern lossagt, um seinen eigenen Weg zu gehen."(Dikow, 1985, S. 28). Somit gewährt auch jeden Schüler und Schülerin, unabhängig von seinen Leistungen Unterstützung und Hilfe, sowie Zuversicht. Kein Mensch darf sich selbst die Ermächtigung zu sprechen zu wissen, was für SchülerInnen gut oder schlecht zu sein scheint, auch kein Lehrer darf sich meiner Meinung nach diese Ermächtigung zu sprechendenn diese würde Fremdbestimmung und nicht Selbstbestimmung bedeuten. SchülerInnen können selbstbestimmt entscheiden und eigene Erfahrungen machen, um herauszufinden, was für sie selbst gut oder schlecht zu sein scheint. Einen guten Lehrer oder Lehrerin macht dementsprechend nicht der erhobene Zeigefinger aus, sondern er oder sie sollte sich darüber profilieren die Entscheidung seines oder ihrem Zöglings zu respektieren und ihm oder sie bei seinem Vorhaben zu helfen und zu unterstützen auf dem Weg zur Selbstbestimmtheit.

Fazit

Zusammenfassend lässt sich sagen, dass die Schule aufgrund des gesellschaftlichen Drucks, sowie der curricularen Vorgaben und dem damit verbundenen Zeitdruck für den Lehrer und der Lehrerin, der Schüler und der Schülerin oft fremdbestimmt geleitet wird. Des Weiteren spricht sich der Mensch in der Rolle des Lehrers oder Erziehers eine häufig mächtigere Rolle zu, als er haben sollte. Die Entwicklung eines eigenen Standpunktes und das Erlernen einer schlüssigen Argumentation für die Findung eines Problems, sowie die Aufrechterhaltung von Interesse und Skepsis sollte in einer klassischen Schule mehr in den Fokus gerückt werden, als das Erreichen von Qualifikationen, bei denen SchülerInnen den Sinn des Gelernten nicht versteht und das vermittelte Allgemeinwissen nicht vollständig verstanden hat. Selbstbestimmtheit als Ziel ermutigt und festigt einen Menschen in seiner eigenen Persönlichkeit. Das Treffen von selbstbestimmten Lösungen macht SchülerInnen an sich als Person aus. Wenn Neugier selbst aus SchülerInnen heraus entsteht und die Lehrer die Möglichkeit haben, beispielsweise durch einen heimlichen Lehrplan, Ideen er SchülerInnen zu zulassen, so befinden sich die SchülerInnen auf einen guten Weg hin zur Selbstbestimmung.

Literaturverzeichnis

- Winfried Böhm/ Volker Ladenthin (Hrsg.) „Marian Heitger Bildung als Selbstbestimmung" (2004) , Paderborn/München, Verlag Ferdinand Schöningh GmbH

- Marian Heitger „ Glaube, Hoffnung und Liebe als pädaogische Kategorien", In: Joachim Dikow: „Vom Ethos des Lehrers", Münster 1985, S. 20- 36

- Hilbert Meyer, Liane Paradies (2003): „Frontalunterricht lebendiger machen", Didaktisches Zentrum Oldenburg

- Herbert Gädjons (2003): „Frontalunterricht neu entdeckt, Integration im offenen Unterrichtsformen", Julius Klinikhardt, Bad Heilbrunn

18

BEI GRIN MACHT SICH IHR
WISSEN BEZAHLT

- Wir veröffentlichen Ihre Hausarbeit,
  Bachelor- und Masterarbeit

- Ihr eigenes eBook und Buch -
  weltweit in allen wichtigen Shops

- Verdienen Sie an jedem Verkauf

Jetzt bei www.GRIN.com hochladen
und kostenlos publizieren